MÉMOIRE

SUR

UNE AFFECTION DES GENCIVES

ET

DE L'INTERIEUR DE LA BOUCHE

MÉMOIRE

SUR

UNE AFFECTION DES GENCIVES

ET

DE L'INTERIEUR DE LA BOUCHE,

Endémique parmi les troupes de l'armée des Alpes.

Adressé à la COMMISSION DE SANTÉ, à Paris.

La 4.ᵉ sans-culotide passée.

PAR FRANÇOIS-EMANUEL FODERÉ,

Médecin de l'Hôpital Militaire d'EMBRUN.

A EMBRUN,

DE L'IMPRIMERIE DE LOUIS MOŸSE.

AN III.ᵉ DE LA RÉPUBLIQUE.

MÉMOIRE

SUR

UNE AFFECTION DES GENCIVES

ET

DE L'INTERIEUR DE LA BOUCHE,

Endémique parmi les troupes de l'armée des Alpes.

QUELQUES officiers de santé regardant cette affection de la bouche, comme une affection purement catharrale, et d'autres la regardant comme scorbutique, je me propose d'établir dans ce mémoire, d'après l'observation et l'expérience, 1.º la description exacte de la maladie, 2.º sa nature, 3.º si elle est contagieuse, 4.º sa cause prochaine, 5.º ses causes éloignées, 6.º les remèdes et les moyens préservatifs qui lui conviennent.   A 2.

DESCRIPTION DE LA MALADIE.

§ Ier Les gencives sont d'un rouge foncé, très-engorgées. La moindre pression en fait sortir du sang. Pendant le sommeil, la bouche se remplit d'un sang noir et fétide, sorti des gencives, que le malade crache abondamment le matin. L'haleine est puante, l'odeur qu'elle répand, est d'une nature particuliere, très-analogue à celle du sulphure ammoniacal, le malade s'en plaint sans-cesse, et cette odeur pénétre l'officier de santé qui fait l'inspection de la bouche, et lui reste long-temps présente à la sensation.

§ I I. Au bout d'un certain temps, il suinte du bord inférieur de la gencive gorgée, une matiere grisâtre, épaisse, qui recouvre peu-à-peu tout l'émail des dents, et qui en remplit les interstices, alors la gencive se sépare de la dent, la matiere du suintement remplit peu-à-peu l'espace laissée entre la dent et la face postérieure de la gencive qui se consume peu-à-peu, jusqu'à ce qu'enfin on voit les racines des dents implantées dans leurs alvéoles, comme sur les squelettes. Dans ces derniers périodes, les dents vacillent tout-à-fait. Cette croûte n'agit pas comme les acides.

elle n'attaque pas l'émail des dents; dès-qu'on l'a enlevée, la dent se trouve aussi blanche, qu'avant.

§ I I I. Communément, une des glandes maxillaires, et quelquefois toutes les deux, s'engorge, se durcit et forme dans l'intérieur de la bouche une tumeur opiniâtre. Quelquefois même, il y a de l'engorgement dans toutes les glandes salivaires.

§ I V. A cette époque, il naît un ulcere blanc, fongueux, de la largeur d'un liard, à un ou à plusieurs des endroits ci-après, savoir : à la commissure des machoires, au voile du palais, à côté des glandes tonsillaires, sous la langue, à chaque côté du frein, et généralement à toutes les ouvertures des conduits salivaires. Ces ulceres sont souvent très-rebelles, et reparaissent bientôt-après au même lieu d'où ils semblaient avoir été détruits; les plus rebelles, sont ceux qui se trouvent sous la langue, vers le frein, qu'ils détruisent quelquefois, et dans le gosier, où il est difficile de porter remède. Ces ulceres font quelquefois tant de progrès, que je leur ai vu détruire une partie de la langue chez un volontaire des chasseurs des Hautes-Alpes, et lui gêner la voix, quoique j'eusse employé pendant trois mois les plus forts escharotiques.

§ V. Alors le malade est pressé par un ptialisme continuel qui l'oblige à tenir sans-cesse la tête baissée. Il rend chaque jour une grande quantité de salive.

§ V I. L'habitude du corps ne paraît pas souffrante. Quelquefois il y a douleur de tête, qu'une saignée ou deux dissipent. Le malade est gai, a grand appétit, et lors-même que les ulceres affectants le gosier, l'empêchent d'avaler des aliments solides, il ne les demande pas moins ardemment, pour s'en servir, dit-il, détrempés.

§ V I I. Quand cependant les ulceres de la bouche sont en grand nombre, le visage et le col deviennent boursouflés, ainsi que je l'ai observé sur deux malades.

§ V I I I. Le sang n'a pas ici des caracteres particuliers, je l'ai souvent trouvé coueneux, même à la troisieme saignée, ainsi que je l'ai vu chez un volontaire nommé *Amar*, qu'une céphalagie opiniâtre accompagnée de l'affection dont nous parlons, m'obligea de faire saigner trois fois, dans le courant de fructidor.

§ I X. Cette affection fait plus de progrès dans les temps froids et humides, que dans les temps chauds et secs. Je l'ai trouvée moins rebelle dans l'hôpital de Marseille, que dans celui d'Embrun.

(7)

§ X. Les jeunes gens y sont plus sujets que ceux qui sont déja d'un âge avancé.

§ X I. Les gencives décolorées et presque blanches, annoncent ordinairement, ou que l'individu a déja été attaqué de la maladie, ou qu'il y a une grande disposition.

§ X I I. Ces malades aiment avec passion le vinaigre, c'est la boisson qu'ils demandent avec le plus d'ardeur, et qu'ils enlevent le plus volontiers aux infirmiers, quand ils oublient dans la salle le vase où on le tient pour les fumigations.

NATURE DE CETTE MALADIE.

§ X I I I. Si les gencives molles, spongieuses, fongueuses, d'un rouge livide, contenant un sang noir et fétide, accompagnées de l'haleine puante, d'ulceres à la bouche de mauvaise nature, forment le signe patognomonique du scorbut, on peut appeller avec juste raison la maladie dont nous parlons, affection scorbutique des gencives. Que ce signe soit inhérent uniquement à ce qui constitue proprement le scorbut, ou qu'il accompagne également d'autres maladies d'une nature différente, comme je le crois, je suis fondé à penser d'après les faits suivants, qu'il est ici un vrai symptome scorbutique.

§ X I V. Que ce mot, cependant, n'effraye pas autant qu'il pourrait le faire, s'il était pris dans toute son acception. On doit dire aux hommes ce qui est, sans grossir les objets. Or, il s'en faut de beaucoup que la maladie dont nous parlons ici, fasse des ravages mortels : parmi un si grand nombre de scorbutiques que j'ai traités, pendant près de deux ans que je suis l'armée , notamment à Entrevaux , à Marseille et à Embrun, à peine en ai-je vu mourir huit, et à peine en ai-je vu vingt qui aient eu tous les caracteres prononcés du scorbut, desquels , par-conséquent, douze se sont parfaitement rétablis. Ce n'est pas le tout que ce calcul fait dans les hôpitaux ; je puis assurer d'après des renseignemens pris , soit par moi-même , soit par mes amis, qu'une bonne partie de l'armée des Alpes a été attaquée de cette affection des gencives ; cependant, les soldats, de leur aveu , n'en continuaient pas moins à faire, avec la même promptitude et la même vigueur, les exercices pénibles que nécessite la guerre dans des lieux si difficiles. La plûpart d'entr'eux ne viennent même à l'hôpital qu'après quatre mois de maladie , et forcés , disent-ils, par le chirurgien du bataillon. Je les ai toujours interrogés à leur entrée à l'hôpital , sur l'état de leurs jambes et de leurs forces ; et leur réponse a toujours été, qu'à part la bouche, ils se portent bien, qu'ils sont vigoureux, qu'ils ont bon appétit. Je les trouve gais, je ne découvre aucune tache sur leurs corps; enfin, si l'on fait abstraction de l'affection des gencives, la majeure partie de ces malades n'a aucun symptome scorbutique, et ici cette maladie fait absolument l'inverse, que dans la plûpart des cas, où elle commence à se manifester par des symptomes généraux, avant de se prononcer sur les gencives; au point que dans les commencements j'ai été souvent dans le doute si je devais la caractériser du nom de scorbut, et que j'ai renvoyé des malades à leur bataillon, attaqués de très-légères affections aux gencives, en leur recommandant simplement de se gargariser avec du vinaigre, chose que je ne fais plus actuellement, que j'ai reconnu que cette affection, quoique légère, mérite, à cause de ses suites, les plus grands soins.

§ X V. En effet, je m'apperçus bientôt que parmi le grand nombre de malades attaqués de ces affections à la bouche, quelques-uns avaient les symptomes généraux du scorbut; le pouls lent et plein, la pésanteur des jambes, des légères taches à la peau de la largeur d'une lentille, avec des douleurs erratiques dans les articulations. Un de ces malades, nommé *Blanc*, traité il y a deux mois à l'hôpital d'Embrun, et actuellement entièrement rétabli, avait même ces symptomes tellement prononcés, qu'il ne pouvait se remuer du lieu où il était couché. En échange, l'affection des gencives était très-légère, en comparaison de celle de ses camarades, tous dans la même salle dite *des scorbutiques*, qui étaient au contraire très-gais et très-vifs à la marche, puisqu'on ne pouvait les contenir.

§ X V I. En outre, quelques-uns de ces malades attaqués simplement d'affections à la bouche, des plus rebelles à guérir, après avoir résisté très-long-temps à l'hôpital, tomberent tout-à-coup dans les symptomes ci-dessus énoncés, avec une fievre du caractere des fievres lentes; alors l'affection des gencives disparut, mais des taches livides se montrerent sur la poitrine, sur les bras et sur les jambes. Ils tomberent dans un affaissement profond; le pouls devint flasque et précipité. Les hipocondres s'enflerent, un sang noir et dissout sortit de la bouche et des narines. Quand ce sang avait coulé quelque-temps, les hipocondres se dégorgeaient, et le malade paraissait mieux. Bientôt ils s'engorgeaient encore, le sang coulait, et ainsi successivement pendant l'espace de vingt jours que durait ordinairement cette tragédie. Vers les derniers jours de la maladie, le visage s'enflait, la levre supérieure se tuméfiait, était échimosée, et devenait bientôt sphacelée ; et telle fut la marche de la maladie de plusieurs, entr'autres de deux volontaires, les seuls qui soient morts ici du scorbut, pendant l'espace de quatre mois, *Moreau* et *Chapel* que j'ai ouverts après la mort, ainsi que je le détaillerai bientôt.

§ X V I I. En outre, j'ai observé avec le plus grand soin, à ne pas me tromper, que plusieurs diarraées, plusieurs affections douloureuses des articulations et même quelques dispnoées appartenaient uniquement à l'action du vice scorbutique. Le vin antiscorbutique composé, comme l'on sait, en majeure partie du raifort sauvage, donné à la dose de trois onces, matin et soir, eut beaucoup de succès dans des douleurs opiniatres qu'on aurait simplement regardé comme réumatismales.

§ X V I I I. De plus, quelques-uns de mes malades, dont il en existe encore dans cet hôpital, avaient d'abord été traités pour l'affection des gencives. Cette affection avait disparu, mais les malades se plaignaient de malaise, de diarraées, de douleurs vagues, d'affections de poitrine; tous ces maux disparurent à fur et mesure que l'affection des gencives reparut, l'appétit et les forces revinrent avec les ulceres à la bouche, et tel est l'état bien constaté de *Chatal* et *Grange* que je traite de nouveau pour l'affection des gencives dont ils étaient guéris, il y a vingt jours, et qui ensuite avaient été très-gravement malades jusqu'à la nouvelle apparition du premier mal.

§ X I X. Je vais actuellement décrire ce que j'ai vu sur les cadavres de *Moreau* et *Chapel*, § X V I, en commençant par décrire ce que j'ai observé sur le cadavre du nommé *Noaille* mort du scorbut consommé tel qu'il est décrit par *Lind* et les autres auteurs; ce qui servira de sujet de comparaison, et achevera de prouver que l'affection des gencives, dont nous parlons, est réellement scorbutique.

§ X X. *Noaille* âgé d'environ 25 ans, vint à l'hôpital n.° 2 de Marseille, attaqué du scorbut et de la galle; il sortait d'un cachot humide. Le scorbut était déjà fort avancé; les gencives, la bouche, les glandes, les os manillaires et l'articulation du bras droit, étaient tuméfiés. Il n'eût d'abord qu'une augmentation de fréquence dans le pouls, mais au bout de quelques jours, il survint une fievre bien décidée, l'enflure du visage augmenta, et rien ne put arrêter le sphacele qui survint environ

(13)

le vingtieme jour de son entrée à l'hôpital.
Il mourut le lendemain, conservant toujours
de l'appétit, et toute sa présence d'esprit.

Le 5 Floréal passé, nous procédames
à l'ouverture de son cadavre, le citoyen
Champreno, et moi. Nous commençames par
disséquer la tumeur du visage. La peau, les
muscles, les os manillaires et ceux du nez, ne
formaient qu'une seule masse noire, pourrie
et macerée, qui jettait une puanteur si horrible,
que tous les assistans sortirent, et que nous
fumes obligés de nous couvrir la bouche et le
nez, pour continuer la dissection.

Ayant ouvert le ventre, il s'écoula une grande
quantité de sérosité rougeatre qui était répandue
entre les muscles et le péritoine, entre le
péritoine et les intestins; ces visceres et l'estomac
étaient en bon état, mais le foie avait le
quatruple de son volume, et était pâle et
grisâtre : coupé en plusieurs endroits, il ne
donna pas une seule goutte de sang, les branches
de la veine porte, qui étaient aussi pâles, n'en
donnerent pas non plus. La rate au contraire,
plus grosse du double de son volume ordinaire,
était d'une couleur d'azur très-foncée. Coupée
dans son milieu, nous la trouvames entierement
noiratre intérieurement, gorgée d'un sang
noir et séreux, qui sortait de tous les points
de ce viscere, à la moindre pression.

A l'ouverture de la poitrine, nous trouvames une large et longue fusée de pus commençant depuis le tissu cellulaire de la tête , et se continuant le long de tout le tissu cellulaire de la poitrine. Les muscles étaient pâles et entremement mous ; les os des cottes étaient cassans, comme des os d'agneau ; beaucoup de sérosité rougeatre dans la poitrine, avec du pus. Les poumons étaient flasques et mollasses; leur face postérieure noire, échimosée, gorgée d'un sang noir, fluide et très-putréfié, les petits vaisseaux qu'on coupait parhazard, donnaient en abondance ce sang noir et séreux.

Le cœur était entierement flasque et pâle. Nous n'eûmes pas le courage de poursuivre , mais c'en était assez pour avoir un exemple complet de la putréfaction et de la décomposition du sang dans le scorbut.

§ X X I. *Moreau*, jeune homme de 24 à 25 ans , avait déja été traité très-long-temps à l'hôpital pour l'affection des gencives, dont il se plaignait depuis plusieurs mois. Cette affection avait enfin disparu , lorsque tout-à-coup il perdit les forces, et que la fievre survint avec tous les symptomes indiqués , § X V I , tels que le vomissement de sang, etc.

Malgré tous les soins, il périt le vingtieme

jour de sa fievre, après beaucoup de sang répandu, une très-longue agonie, et conservant tout son bon sens, jusqu'au dernier soupir.

Nous procédames à l'ouverture du cadavre, le citoyen *Alrici* et moi, en commençant par la poitrine. Les muscles étaient flasques, teints de sang : les côtes se brisaient avec la plus grande facilité. Les poumons étaient entierement gorgés d'un sang noir et séreux, qui en remplissait exactement toutes les cellules où il s'était extravasé. Le cœur était flasque, ses cavites gauches vides de sang et très-nettes, ses parties droites, au contraire, étaient remplies du même sang séreux et dissout qui gorgeait les vaisseaux pulmonaires.

Le foie avait le double de son volume, la vessicule du fiel était très-engorgée. La rate était bleue d'azur, d'une grosseur monstrueuse. Coupée, elle était remplie d'un sang noir et dissout qui en sortait aisément. L'intérieur du ventricule, là où aboutissent les vaisseaux courts par lesquels ce viscere communique avec la rate, était échimosé, ces vaisseaux étaient dilatés, et remplis d'un sang fluide.

Ce cadavre donnait une grande infection, quoique la section n'eût été faite que douze heures après la mort.

§. X X X V I. *Chapel* eût exactement la même

maladie, avec les mêmes symptomes ; les trois derniers jours de sa vie, la levre supérieure qui était échimosée, fut entierement détruite par le sphacele.

A l'ouverture du cadavre, les muscles et les os donnerent les mêmes phénomêmes que dessus.

Le cœur était d'un volume double, pâle et flasque comme une peau chamoisée. Ses cavités gauches étaient vides, mais le ventricule et l'oreillette droite étaient prodigieusement dilatés, et contenaient un bon verre de sang dissout. Nous poursuivimes la dissection le long des vaisseaux pulmonaires, qui étaient du diametre d'un pouce, et contenaient du même sang noir et dissout jusqu'au poumons qui, ainsi que dans le cadavre de *Moreau*, en étaient entierement gorgés.

Dans le bas ventre, nous trouvames du pus, du sang séreux et quelques adhérences. L'épiploon était presque consumé, et ne fesait qu'une masse rougeatre avec le péritoine. Tout le tube intestinal présentait l'image d'une suffusion sanguine. Le foie et la rate étaient comme, § X X I.

§ X X I I I. Les exemples qu'on vient de voir, prouvent au-de-là l'existence du vice scorbutique dans le sang dont le gluten qui lie

les

les globules rouges, et qui forme la consistance de cette liqueur, était absolument dissout.

L'observation, § X X, comparée avec les observations qui suivent, démontre évidemment dans ces trois cas une identité de causes, avec cette différence, que les caractères du premier sont plus prononcés, parce que les causes occasionnelles, telles que l'humidité du cachot, où *Noaille* avait vécu, avaient hâté une plus grande putréfaction. Nous pouvons donc conclure hardiment, d'après ces données, et ce qu'on a vu, § X V, X V I, X V I I, que les affections des gencives, ainsi que les ulceres dont il s'agit, dépendent réellement d'un vice scorbutique, mais que, 1.º tandis qu'il n'y a que l'affection gencivale, le sang n'a encore souffert aucune altération, § V I I I, et X I V, 2.º que, quand ce virus s'est répandu dans les humeurs, il n'y fait pas de si grands ravages que dans le scorbut très-caractérisé, parce que les causes occasionnantes cette maladie, ne sont pas aussi graves ici, que dans les circonstances qui produisent ordinairement le scorbut dont parlent les auteurs, comme je le dirai plus bas. Je pense, en conséquence, qu'on doit appeller l'affection dont il s'agit non scorbut, proprement dit, mais affection scorbutique locale, et qu'on ne doit la dénominer rigoureusement de

B

scorbut, que quand cette affection, de locale qu'elle était, devient générale, avec pirexie apparente, ou insensible, comme dans les cas cités ci-dessus.

§. X X I V. Cette distinction du scorbut en affection scorbutique locale, et en affection scorbutique générale, me paraît très-essentielle, puisqu'elle est fondée dans la nature des choses. Rien n'est plus aisé pour moi que d'être dans l'erreur, et je n'oblige personne à penser ainsi; mais je ne puis me refuser à l'idée que tant de personnes que j'ai soigné à l'armée, et ailleurs, pour des semblables affections à la bouche, n'eussent des affections scorbutiques, quoique le scorbut ne fut pas général, et qu'ainsi il n'est pas vrai que le scorbut agit toujours identiquement, comme le veulent des grands maîtres de l'art. Je pense au contraire, que la substance dissolvante de nos humeurs, qui constitue la maladie que nous nommons scorbut, s'écoule souvent par un émunctoire particulier, tel que les organes sécrétoires de la salive, et qu'elle excite là des ulceres, l'haleine puante etc, sans que le reste du corps en soit dérangé; et tel est le cas de nos malades et de plusieurs autres que j'ai connus. Dans cet état, les maux que cette matiere morbifique cause dans la bouche, ne sont pas aussi grands que quand toute la masse du sang ayant été infectée, et n'étant devenue pour ainsi dire qu'une sérosité sursaturée de sels, ils affectent les mêmes parties et tout le systême à la fois. C'est dans cette différence, et dans la diversité des causes occasionnelles qu'il faut chercher la raison, pourquoi les ulceres scorbutiques dont *Lind* fait la description, page 204, et suivant de son traité sur le scorbut, sont d'un caractere infiniment plus malin que ceux dont nous avons parlé. Cette différence n'avait pas échappé à la sagacité de *Saviard* qui en observateur fidelle, distingue très-bien les simples affections scorbutiques de la bouche, d'avec le scorbut général; quoique nous ne puissions mettre en parallele les horribles dégats que ce mal causait à ses malades, avec ceux dont souffrent nos soldats; aussi l'air infecté de l'hôtel dieu, était-il pour-lors une cause de destruction bien plus puissante, que celle dont nous parlerons. Voyez *Recuel d'observat. chirurg. de M. Saviard. observat. CXXVII. p. 432. et suiv.*

§ X X V. Avant de passer à la question de savoir si la maladie dont nous parlons, est contagieuse, je crois utile à la pratique d'obser-ver en passant, 1.° que le vomissement de sang dont sont affectés quelques-uns de ces malades, accompagné de l'élèvation des hipocondres, et du gonflement de la vescicule du fiel, pourrait faire regarder cette maladie, comme la maladie noire des anciens, sur-tout quand il n'y a ni vice aux gencives, ni taches à la peau bien caracterisées. Il faut dans ces cas, que le médecin s'informe des symptomes antécédens, et si le malade avoue avoir eu mal à la bouche, le médecin peut être assuré que cette hématémêse est scorbutique.

2.º Qu'il me paraît que cette maladie, § XVI, est exactement la même que celle qu'*Hippocrate* désignait sous le nom de *magni lienes*; *Lommius*, sans parler du scorbut, l'a supérieurement bien décrite sous le titre général de *Cachexie*, dans ses *médicinal. observat l. 2. p. 65.*

CETTE MALADIE EST-ELLE CONTAGIEUSE?

§ X X V I. Je crois que *Bosquillon* se hasarde beaucoup, en disant : „ on peut boire „ dans le même verre, coucher dans le même „ lit, et rester continuellement avec des „ scorbutiques, sans gagner la maladie. *Elem. de med. pratiq. de Cullen. trad. de Bosquillon avec ses notes. Tome 2. du scorbut. pag. 671.* des observations constantes d'une grande pratique me décident à être d'un avis contraire. L'affection scorbutique des gencives, dont il est question ici, est non-seulement endémique, mais encore épidémique. Pendant quelques mois, le défaut d'un nombre suffisant de salles, à pouvoir distinguer les maladies, m'avait obligé à laisser les scorbutiques avec les autres malades; bientôt, ceux qui les fréquentaient le plus, et qui auparavant étaient exempts de la maladie, se plaignirent de l'affection des gencives. Après que nous eûmes placé les scorbutiques dans des salles à part, et que tout homme qui se plaignait de l'affection gencivale, était séparé de ses camarades qui n'en étaient pas atteints, nous n'eûmes plus les mêmes inconvéniens.

Bien plus, les jeunes officiers de santé chargés des scarifications des ulceres scorbutiques, se plaignirent à leur tour de l'affection des gencives. L'odeur infecte qu'elle répand, est si tenace, que moi-même, après la visite de la bouche, des scorbutiques, j'ai encore le soir à la bouche le goût de cette haleine qui m'a pénétré le matin.

Au reste c'est une voix générale parmi les soldats, qu'ils ont gagné le scorbut en couchant avec des camarades qui l'avaient, et en mangeant après eux.

§ X X V I I. Néanmoins, pour concilier les opinions et décider en plein la question de savoir si cette maladie est contagieuse, il est encore utile de recourir à la distinction que nous avons faite, § XXIII et XXIV , du scorbut, en local et général. Il peut se faire que le scorbut général ne soit pas contagieux, quand il ne consiste encore que dans la dissolution sanguine, sans symptomes locaux, avec écoulement de pus , exhalaison de substances septiques , et fétidité. Ainsi je suis fondé à croire avec *Svédiaur* que telle est la marche de la maladie vénérienne; et je crois aussi que telle est la marche de la pthisie qui n'est encore qu'à son second dégré , etc. Mais quand les symptomes sont locaux, qu'ils se manifestent de maniere qu'ils peuvent donner lieu à l'inoculation par le contact médiat, ou immédiat, on ne peut se refuser à l'idée de la possibilité de la contagion, possibilité prouvée par les faits dans le cas dont il est question dans ce mémoire.

CAUSE PROCHAINE.

§ XXVIII. Le scorbut consiste d'après les faits ci-dessus, § XX, XXI et XXII, dans un commencement de dissolution du sang , ou dans la dissolution du *gluten* qui lie les globules rouges entre eux, ce qui est selon moi la même chose, ainsi que le prouve aussi la nature des remedes employés avec succès dans cette maladie. Cette doctrine qui me paraît être la plus saine de toutes, donne raison des principaux phénomênes qui arrivent dans le scorbut, dont on peut voir un sommaire dans *Pringle; expérienc. sur les subst. antiseptiq. mem. VII. exper XLVI.* Donc, ce qui occasionne cette dissolution du gluten animal, est la cause prochaine du scorbut. En recherchant cette cause prochaine, il est inutile de tenir compte de l'état des solides; les variations dans le ton, et l'irritabilité des vaisseaux de tout genre qui en composent la texture, dépendent au moins ici, du ton, pour ainsi dire des fluides, et des proportions de la sérosité avec les parties compactes du sang; ce qui étant une fois connu, rend raison des anomalies qui surviennent dans tout le systême.

§ X X I X. Après les auteurs célèbres qui ont parlé sur cette cause prochaine, il reste peu de choses à dire. Je me boruerai uniquement à citer ici une expérience et quelques observations en faveur de l'hypotêse qui établit une matiere saline, comme dissolvante du sang.

§ X X X. Je fis ramasser une certaine quantité de la matiere qui transsude des gencives, et qui recouvre les dents, § II, à dessein de l'examiner. Malheureusement, m'y étant pris trop tard, je n'ai pu en avoir qu'une petite quantité, environ de quarante grains.

Cette matiere ressemble assez aux croutes tuffacées que laissent dans leur trajet les eaux séléniteuses. Sêche, elle ne répand aucune odeur.

I.

Je fis digerer à chaud cette croute, pendant 24 heures, dans suffisante quantité d'eau de pluie. Dès-que je l'eus délayée, elle répandit abondamment cette odeur fétide que donne la bouche des scorbutiques. L'ayant filtrée au bout de 24 heures, il se trouva que l'eau en avait dissout la moitié. La dissolution était très-limpide.

I I.

Cette dissolution fut divisée en deux parties. Dans la premiere, je versai quelques gouttes d'acide nitrique. Je fus bien surpris que non-seulement alors, l'odeur ne fut plus fétide, mais encore qu'elle fut devenue très - suave, ayant exactement l'odeur de l'éther. Croyant de me tromper, je fis sentir ce mélange à mon épouse, qui trouva l'odeur très-agréable. A part ce changement, cet acide n'opéra autre chose.

Dans l'autre verre, je jettai quelques gouttes de dissolution de potasse. Il se fit une légère effervescence, et il se dégagea une odeur forte, désagréable et piquante, analogue à ce qu'on appelle odeur de corne de cerfs, c'est-à-dire, l'odeur de l'ammoniaque qu'on retire des substances animales distilées à feu nud. Point de précipité. La saturation finie, (ce que je reconnus à ce qu'il ne s'éleva plus d'odeur ;) je mis évaporer ma dissolution, pour reconnaître l'acide uni à la potasse, mais malheureusement. elle fut renversée.

I I I.

Après avoir bien lavé sur le filtre avec de l'eau de pluie le résidu, n.° 1, je le mis digerer au bain marie dans l'acide nitrique affaibli, pendant 24 heures. La dissolution fut parfaite, à part une pellicule jaunâtre qui surnageait, comme quand l'on fait dissoudre des *Pyrites* dans cette acide.

Je filtrai cette dissolution, et j'y versai du carbonate de potasse liquide. Le précipité fut prompt et abondant. La saturation étant achevée, je filtrai, et fis sécher le précipité. Il m'a paru de la véritable chaux qui répandait, lorsqu'elle était sur le feu, l'odeur du soûffre ; peut-être la pellicule dont je viens de parler, en était-elle, si nous pouvons juger d'après l'analogie..... les quantités étaient trop petites, pour que je fisse avec succès des expériences ultérieures ;

(26)

mais la matiere paraît intéressante, et j'invite mes collégues à l'examiner de plus près.

§ X X X I. Quelque peu concluante que paraisse cette expérience, je me trompe très-fort, ou elle favorise singulièrement l'opinion de *Cullen* qui pensait, qu'un sel ammoniacal domine spécialement dans le scorbut. *élem. de medec. pratiq. tom. 2. du scorbut. § 1813.* Il était spécialement porté à cette opinion par l'observation que le scorbut attaque particuliè-rement la bouche et les organes de la salive, qui comme l'on sait, contient un sel ammoniacal. Or, nous avons vu, III, IV et V, que les glan-des salivaires et les endroits où aboutissent leurs conduits, sont spécialement affectés, et que les malades rendent une très-grande quantité de salive. L'on a vu en outre, par la grossiere, mais fidèle expérience que j'ai citée, que la potasse avait dévéloppé de l'ammoniaque dans la dissolution de la croute scorbutique, *exp. I.;* il paraît donc, d'après cela, que le scorbut est dû à un excès de sel ammoniacal dans le sang.

§ X X X I I. Il n'est pas douteux d'après l'observation constante, que le sel neutre ammo-niacal se trouve dans toutes les humeurs excré-mentitielles, telles que la salive, l'humeur de la transpiration et les urines, que ce sel ne se forme constamment dans le corps humain, et qu'en

quantité proportionnée à la ténacité des humeurs et à la sensibilité individuelle, il ne
soit nécessaire à la vie animale; mais il n'est
pas douteux non-plus, que si ces émunctoires
naturels n'en charrient pas hors du corps la
quantité superflue, ce sel n'augmente les proportions de la sérosité aux dépens du gluten,
c'est-à-dire, qu'il ne contribue puissamment à la
dissolution du sang.

§ X X X I I I. D'après cette doctrine que je
suppose prouvée, et l'induction des faits, je
vais hasarder de proposer la théorie suivante, sur
la cause prochaine de l'affection scorbutique
locale de nos soldats.

Il faut qu'on se rappelle ce que j'ai dit §
XVIII; que l'affection de la bouche alterne
quelquefois avec les symptomes généraux du
scorbut, et que les malades ne se trouvent jamais
mieux, que quand cette affection gencivale est
très-prononcée, § X V; or, je suis d'opinion,
que l'excès du muriate, ou phosphate ammoniacal, (j'ignore lequel) qui est la cause prochaine du scorbut, se porte ici uniquement à
la bouche, que les glandes salivaires en sont
l'émunctoire, qu'enfin l'affection des gencives
est une crise salutaire, qui quand elle est sup-
primée avant que tout l'excès du sel ammoniacal
soit sorti du corps, est cause des symptomes

divers de scorbut qu'on observe quelquefois, XVII, et qui se terminent par la mort, quand la crise salivale n'a plus lieu, § X.

Si cela n'était pas, comment expliquerait-on, étant posé une fois, comme je crois l'avoir fait, que les affections gencivales dont je parle, sont scorbutiques, que le scorbut, sans s'être manifesté auparavant par des symptomes généraux, ainsi que la chose arrive, quand il est produit par des causes occasionnelles plus graves qu'ici, se bornât uniquement à la bouche, sans porter atteinte ni aux forces corporelles, ni à la couleur, ni au caractère des malades?

§ X X X I V. Dira-t-on que je propose ici une doctrine mistérieuse, un roman? mais ce roman est conforme aux fidèles observations que nous avons sur les métastases, dont il est possible qu'on ne puisse pas toujours se rendre raison, mais qui prouvent malgré cela, que *la force médicatrice et conservatrice de la nature* fait souvent passer du centre à la périphérie, des matières dont la présence dans nos viscères, en entrenerait la prompte destruction; nous ne nous étendrons pas sur les différens organes extérieurs, où cette force produit des métastases salutaires, on en peut voir le tableau dans les écrits de *Lommius*, *Severinus*, *Prosperalpinus*, *Boerrhave*, etc; il suffit ici, de nous arrêter aux organes salivaires.

Dans combien de maladies ces glandes ne sont-
elles pas un émunctoire de la matière morbifique?
Le jugement par les *Parotides* est connu dès la
plus haute antiquité, et les modernes connais-
sent tous, l'action singuliere du mercure sur ces
organes ; l'abondante salive qui en découle alors,
est d'une fétidité considérable, absolument sem-
blable à la fétidité scorbutique ; cependant, il
n'a fallu qu'exciter la sécrétion plus copieuse
de la salive, pour déterminer cette fétidité dans
des parties auparavant très-saines. Dans combien
de personnes, la mastication du tabac ne devient-
elle pas une habitude nécessaire ? Je ne crois
pas à tous les avantages que les marins préten-
dent en retirer, mais j'ai vu naître bien de suites
fâcheuses de la suppression de l'écoulement co-
pieux de l'humeur salivale, et j'ai vu cette éva-
cuation entretenue continuellement, produire
les effets les plus salutaires chez les forçats, les
criminels vivants dans des cachots humides, et
chez d'autres personnes dont le genre de vie
était propre à opérer et à entretenir la dégénération scorbutique.

Je vais citer, à ce sujet, un fait récent qui
m'a été attesté par plusieurs militaires, tant
soldats, qu'officiers ; ils étaient déja affectés
gravement de cette maladie ; ils s'en sont entierement délivré, en entretenant pendant long-

temps une copieuse excrétion de salive, au moyen du tabac, soit maché, soit fumé ; ce qui justifie pleinement l'ancien usage qu'on fait de cette plante, les avantages qu'on lui attribue, et la théorie que je propose : *que les organes salivaires sont ici l'émunctoire de la matière scorbutique.*

§ X X X V. Au surplus, ces assertions sont fondées pour moi qui en ait observé les principes, et à mon avis elles doivent modifier l'opinion de quelques écrivains respectables, tels que *Cullen*, que le „ scorbut étant toujours „ le produit des mêmes causes, produit tou- „ jours des effets analogues, et qu'il est inu- „ tile d'en multiplier les espèces „.

CAUSES OCCASIONNELLES.

§ X X X V I. *Cullen* place la cause du scorbut, *in regione frigida, post victum putrescentem, salitum, ex animalibus confectum, deficiente simul materia végétabili recente. Synops. nosolog. method. g. LXXXVI.* Et telles sont aussi les causes du scorbut, qu'ont reconnu avant lui, tous les auteurs qui en ont parlé.

Sans-doute, que quand toutes ces causes agissent ensemble, elles donnent au scorbut toute l'intensité qu'il a sur mer, et quelquefois sur terre, dans les contrées froides et humides: mais ce n'est pas ici le lieu de les appliquer toutes à la maladie scorbutique dont nous parlons. Une seule d'entr'elles me paraît agir; aussi le scorbut, a-t-il parmi nous, beaucoup moins d'intensité.

§ X X X V I I. D'abord, nos soldats vivent très-peu de viandes salées, la république a soin de leur entretenir sans-cesse de la viande fraîche. Il est vrai, que quelquefois, dans les grandes chaleurs, elle parvient dans les postes avancés, un peu gâtée, parce que l'on n'a pas toujours soin de partir à la fraîcheur, et de couvrir les convois de viande, et qu'ainsi, les mouches y déposent leurs œufs; mais, outre que ces accidens sont loin d'être journaliers, je doute fort que la portion de viande gâtée, serve d'aliment, quelle que soit la faim qui détermine à l'employer.

§ X X X V I I I. En second lieu, quoiqu'il ne soit pas aisé de se procurer ni des végétaux, ni du vin, dans les postes avancés des armées dont nous parlons, on doit faire la considération importante, que nos soldats ne vivent ni de pain endurci, ni de biscuit, mais que leur pain journalier a rarement huit jours de cuite, et qu'en outre, souvent et sur-tout cet été, le goût aigre qu'il a, annonça qu'il contient du seigle, dont la disposition à l'acide compense très-bien le défaut de végétaux, ou au moins, empêche la trop prompte dégénération ammoniacale des substances animales, indépendamment de la fermentation acide et du développement du gas acide carbonique, qui s'élève toujours du mélange du pain avec la viande. *Pringle. exper. sur les substances antisep. mem. IV. exper. XXVIII et XXX.*

L'on ne peut donc soupçonner raisonnablement, que le muriatre de soude, ou des susbtances tendant particulièrement à l'alcalescence introduites comme aliments dans le corps de nos malades, y favorisent, suivant l'opinion de *Margraaf*, la formation plus considérable du muriate ammoniacal, que dans tous les animaux, quel que soit leur genre de vie.

§ X X X I X. Nous ne pouvons nonplus regarder l'humidité , comme une cause essentielle de cette maladie dans les armées dont il s'agit. Les points élevés des montagnes, où nos soldats sont campés, sont de leur nature, très-secs; le terrain en est léger, et le plan presque toujours incliné, ne permet pas à l'eau des pluies de séjourner long-temps, battus d'ailleurs de tous côtés par les vents, ils sont aussitôt secs, que mouillés. Il est vrai, que le soldat y est souvent mouillé par l'inconstance de l'état de l'atmosphère

(33)

phère, mais ce n'est pas un humidité passagère
qui affecte le corps humain; c'est cette humidité uniforme d'un sol gras et profond ,
entouré de marais, et transsudant sans cesse des
vapeurs qui le recouvrent d'un éternel brouillard,
qui produit avec le scorbut, les autres maux,
compagnons de la misere des peuples et des
gouvernemens despotiques.

J'ai néanmoins eu lieu d'observer, étant à
Entreveaux, l'action de l'humidité sur le corps
humain, comme cause de l'affection scorbutique. La garnison de Guillaume éloignée de là ,
de six lieues, était infectée de cette affection.
Je m'y transportai. Elle avait du vin, des végétaux, ne manquait pas d'alimens frais, mais elle
couchait dans les vieux décombres d'un château
et dans les plains pieds des maisons ruinées de
ce bourg. J'engageai les chefs à procurer à la
garnison de meilleurs gites; les plus malades
vinrent à l'hôpital, et les autres ayant quitté
leurs demeures humides , furent bientôt rétablis,
en se gargarisant avec du vinaigre.

§ X L. Il ne nous reste plus que le froid à examiner, comme cause de ces affections scorbutiques; et c'est ici, que nous devons réellement
la chercher. Les armées des Alpes et d'Italie
font la guerre, comme je l'ai déja dit, dans
des régions froides , sur des pics élevés, à côté
des glaces de la chaîne des grandes Alpes; les

C

braves soldats qui les composent, sont exposés à toutes les imtempéries diurnes de ces points élevés; la plûpart du temps, ils bivouaquent ; presque toujours, ils couchent sur la terre nue; à l'action du froid, se joint encore la mal-propreté, suite inévitable de la nécessité, de passer des mois entiers, sans se déshabiller.

§ X L I. C'est à ces deux causes puissantes de suppression de transpiration, que j'attribue uniquement, l'affection scorbutique dont il s'agit, et dont les officiers ne sont pas plus exempts que les soldats.

Les sels ammoniacaux qui sortent ordinairement du corps, au moyen de la transpiration journaliere, restent dans la masse du sang, parce que cette fonction est au moins diminuée, et par une déviation salutaire, ils sont portés aux organes de la salive, dont ils ne peuvent tripler la sécrétion, sans laisser dans la bouche des marques de l'irritation qu'ils produisent et de leurs effets sur le sang des vaisseaux destinés à ces parties.

§ X L I I. Je passerai les bornes d'un mémoire, si je voulais répondre d'avance, aux objections sans nombre, que je sais qu'on peut faire contre cette théorie, il me suffit, quant à ce moment, d'observer, 1.° qu'une partie des bataillons nombreux qui composent ces armées, sont venus de pays tempérés, dans des régions

où il fait un froid auquel ils n'étaient pas accoutumés, et qu'ainsi dans ces choses, il faut tenir
compte de l'habitude; 2.º que la déviation
dont je parle, a pour preuves matérielles, l'ab-
sence des symptomes généraux du scorbut, pendant l'affection gencivale; l'état de consistance
du sang, pendant qu'existait cette affection,
§ XIV, XV et XVIII, tandis que, dès-qu'ayant
paru une fois, elle vient à se supprimer, les symptomes généraux du scorbut se montrent, avec un
sang dissout et putréfié, § XVI, XVII, XXI et
XXII; 3.º que les bataillons qui sont le plus
exposés au froid, sont ceux qui sont le plus
affectés, ainsi, par exemple, le 1.ᵉʳ bataillon de
la Drome, campé à l'*Affiette* et aux *Quatre-dents*.

Le 5.ᵉ bataillon de l'Izère, campé sur les
mêmes points.

Le 79.ᵉ Régiment, campé sur les mêmes
points.

Le 3.ᵉ du Jura, campé sur le col de *Sestriéres*,
et le 1.ᵉˢ bataillon des chasseurs des Hautes-
Alpes, campé sur le col *La-Croix*, sont ceux
que ces affections de la bouche ont le plus
affectés.

§ X L I I. Il n'est d'ailleurs pas difficile de
prouver par des faits connus de tout le monde,
que la suppression de transpiration, peut-elle
seule occasionner le scorbut. Nous avons vu

que nos malades souffraient plus dans les temps chauds, et que la chaleur du climat est très-favorable à la guérison de la maladie. § IX cette observation n'avait pas échappé à *Saviard*, qui exposait ses malades au soleil, lorsqu'il dardait ses rayons, pénétré qu'il était, la chaleur et le bon air contribuent beaucoup à la guérison de leur maladie. *mem. CXViII. p. 440.* *Lind*, *l'Huxam*, et tous les autres qui ont écrit sur cette matière, sont généralement d'accord, qu'il est rare que le scorbut ait lieu, tant qu'il y a une transpiration suffisante et qu'on ne le voit jamais sous la zône torride, chez les marins même, qui vivent uniquement de viandes salées; qui plus est, la preuve de cette doctrine est toute faite dans les remedes même qu'on emploit, qui, étant généralement d'une nature acescente, „ favorisent singulierement, pour me servir des paroles de *Bell* „ les sécrétions qui „ se font par la peau et par les reins; comme „ la premiere de ces sécrétions est presquè „ détruite dans le scorbut, le rétablissement „ de la transpiration n'a pas peu d'influence „ pour la guérison de la maladie; dans ce cas, „ elle sert à chasser au-déhors, les molécules „ putrides, dont les fluides abondent„. *Traité des ulcer. de Bell. cure de l'ulc. scorbut. p. 435.*

§ X I V. Il résulte de toutes ces discussions,

que quoique le principe soit certain, qu'il n'y a qu'une espèce de scorbut proprement dit, par-ce que l'on ne peut séparer de l'idée nette qu'on s'est formé du scorbut, l'idée d'un dissolvant de la substance glutineuse du sang, dans le fond, les effets qui résultent de la présence de ce dis-solvant, différent en intensité, suivant la quan-tité de causes qui ont contribué à sa formation, au point qu'ils peuvent même se borner à une affection partielle, comme il arrive dans les cas dont il s'agit ici, si par les lois des sécré-tions, ce dissolvant est porté vers un organe déterminé.

Ainsi, si au froid vous ajoutez les alimens salés dont on fera uniquement usage, le sel ammo-niacal sera augmenté en proportion et le scorbut sera plus grave.

Si au froid et aux alimens salés, vous ajoutez l'humidité, le mal sera encore plus grand : la masse du dissolvant étant alors composée et de celui qui est resté dans le corps par la suppres-sion des évacuations, et de celui qui a été fourni par la dégénération alimentaire, § XXXVII.

Si au contraire, vous n'avez que le produit de la suppression de transpiration par l'action du froid seul, et que même l'action du froid soit corrigée en partie par des exercices animés, tels qu'en fait une armée en activité, l'on aura simplement des affections scorbutiques partielles, qui pourront néanmoins devenir générales , si le ferment qui tendait à s'isoler, se répand dans toute la masse des humeurs, affections cependant toujours rélatives à la quantité de ce ferment.

Du traitement curatif et préservatif des affections scorbutiques de la bouche.

§ X L V. Je vais exposer la méthode qui m'a le mieux réussi pour guérir ces affections ; je parlerai ensuite des moyens qu'il convient d'employer pour les prévenir, d'après les principes posés ci-dessus, sur les causes qui les produisent.

§ X L V I. D'abord, conduit par l'expérience, que ces affections dégénérent quelquefois en symptomes généraux, et qu'il ne suffit pas de détruire les ulceres de la bouche, mais qu'il faut encore prévenir des funestes rétropulsions, en même temps, que j'emploie les remèdes locaux , je mets entierement mes malades au régime végétal, et au traitement antiscor-butique connu.

A part la viande, à laquelle on supplée par des pommes de terre et des légumes, je leur donne les trois quarts par jour, de la portion entière, tant du pain que du vin.

Ayant reconnu que la vie sédentaire leur est nuisible, je leur permets chaque jour la promenade, m'inquiétant peu des fruits qu'ils peuvent manger, puisqu'ils leur sont salutaires, quels qu'ils soient.

Nous étant apperçus qu'ils ne buvaient pas volontiers la tisanne antiscorbutique, nous avons fait cueillir, mes collegues et moi, tous les raisins verts des treilles de l'hôpital, pour leur préparer une limonade avec le verjus et le suc de reglisse. Cette boisson leur est non-seulement agréable, mais encore très-efficace.

§ X L V I I. Il convient de choisir pour ces malades, des salles chaudes et tournées au midi. Dès-qu'il fait froid, il faut les réchauffer par des poëles. Au reste, dans ces contrées, dès-que les froids approchent, on voit la maladie empirer, et je me suis cru obligé d'envoyer dans des climats plus chauds quelques-uns de ces malades qui avaient résisté long-temps au traitément. Ces considérations me décident à penser que les hôpitaux d'Embrun et de Briançon conviennent peu pour les scorbutiques.

§ X L V I I I. Je n'ai retiré aucun avantage, ni du quinquina, ni des acides minéraux.

§ X L V I V. Les affections de la bouche exigent un traitement très-soigné. Je fais scarifier les gencives deux fois par jour, ensuite je prescris au malade de se gargariser souvent avec un gargarisme composé d'une décoction de noix de galle et de mirrhe dans le vin blanc, à laquelle on ajoute deux gros d'alun par livre, les gargarismes antiscorbutiques du *compendium*, m'ayant paru insuffisans.

§ L. Chaque deux jours, je fais enlever sur les dents la croute qui les recouvre, avec une rugine triangulaire qui nettoie également la face externe de la dent, et ses côtés. Il ne faut pas penser à mettre les gencives en bon état, avant d'avoir détruit cette croute, dont le propre est de ronger sans-cesse les chairs qui l'avoisinent.

§ L I. L'on doit employer la rugine, les gargarismes et scarafications, jusqu'à ce que les chairs de la bouche soient d'un rouge vifs, et qu'il n'y ait plus de veines gorgées ; tandis qu'on apperçoit des filets veineux gorgés et distendus dans l'intérieur de la bouche, ressemblans à des freins, on peut être sûr que le malade n'est pas guéri, quoique d'ailleurs, les autres incommodités seraient dissipées.

§ L I I. Les ulceres sont souvent très-rebelles aux remedes. Il est impossible de les détruire avant d'avoir dissipé l'engorgement des glandes, § III. A cet effet, je fais appliquer sur les machoires des cataplasmes chauds, renouvelés trois fois par jour, et quand l'engorgement est presque dissipé, je supplée aux cataplasmes qui sont d'une exécution toujours incommode, par l'application de l'emplâtre diachylon gommé.

§ L I I I. Ces ulceres sont scarifiés profondément et jusqu'au vif, ensuite on les touche avec un escarotique.

Le topique improprement appellé, *colyre de lanfranc*, ayant été employé pendant long-temps avec peu de succès, j'ai été obligé de me servir de l'acide muriatique, tantôt pur, tantôt mélangé avec ledit colyre, et j'en ai retiré plus les grands avantages. Par cet acide, je suis parvenu à détruire les ulceres les plus rebelles.

Tel est le traitement auquel la pratique m'a conduit, je vais m'occuper actuellement des moyens préservatifs.

§ L I V. Ici l'on ne doit parler que de choses simples et faciles à exécuter, comme le peut comporter l'art de la guerre dans des pays difficiles. Je me bornerai donc à faire les mêmes récommandations que celles que j'avais déja faites dans mon mémoire, sur l'inflammation lente de la poitrine, d'après l'ouverture des cadavres, lors du siège de Toulon, envoyé le 10 prairéal passé, à la Commission de santé.

Le défaut de transpiration étant la principale cause de la rétropulsion dans le corps de la matiere ammoniacale, § X L, X L I et X L I I, on doit donner tous les soins possibles, à ce que les soldats, ainsi que l'a tant insinué le célèbre *Pringle , maladies des arm. part. 22. ch. III* soient bien vêtus, et qu'au retour des fatigues militaires, ils trouvent sous la tente, ou dans les chambrées, du feu et de la paille séche, et qu'ils ne couchent pas sur la terre humide et dans la mal-propreté, d'autant plus qu'à ces causes, on doit attribuer la galle si fréquente dans ces armées, et qui, quand elle est jointe au scorbut, rend celui-ci beaucoup plus dangereux et difficile à traiter, ainsi que je l'ai observé, et réciproquement.

§ L V. Plusieurs des braves bataillons qui composent les armées dont nous parlons, étant originaires, les uns de pays chauds, et les autres de contrées tempérées, et n'étant par-conséquent pas accoutumés à un froid rigoureux, il serait à désirer qu'ils fussent de temps - en - temps relevés par d'autres bataillons, dans les points les plus froids des Alpes, (X L I I) et que leur quartier d'hiver ne fût jamais que dans les régions dont la température approche le plus de celle qui leur convient.

§ L V I. L'exercice étant un grand moyen de salubrité, et compensant beaucoup les désordres qu'occasionne le froid dans le systême des évacuations, les soldats qui bivouaquent dans des lieux très-froids, ne doivent jamais rester dans l'inaction. Il convient de les occuper sans cesse à quelque travail. Quant à ceux qui sont sous la tente, la retraite doit les rassembler aussitôt que le soleil a quitté l'horison, et quant des opérations militaires n'exigenr pas le contraire, on ne doit permettre la sortie de la tente, que quant le soleil est levé.

§ L V I I. Pour prévenir la contagion, dès qu'un soldat se plaint de l'affection de la bouche, un peu grave, il doit être envoyé à l'hôpital. Dans chaque hôpital, il doit y avoir des salles séparées pour recevoir et traiter ces malades.

§ L V I I I. Malgré les divers embarras des temps de guerre, je pense qu'il serait néanmoins facile de procurer à nos troupes une subsistance végétale subacide, et par-conséquent antiscorbutique, sans causer de grands embarras et sans multiplier les dépenses. Ce serait de destiner à une partie de la nourriture des armées, chez qui, le scorbut est endémique, une certaine provision de *Saurkraut*, récommandé avec juste raison pour cet objet, par de très grands maîtres, *Cullen, mat. medic. tom. des stimulans. Quarin. animadver. practic. tom. 2. de vomit. cruent. p. 265*, et déja, employé par plusieurs nations avec de grands succès, dans les voyages de long cours.

Le chou ainsi préparé, sert d'aliment et en même-temps, que par l'acide qu'il contient, il donne aux fibres un certain *stimulus*, et qu'il augmente les diverses sécrétions et excrétions, il prévient entierement le scorbut.

§ L I X. L'on a vu, § XXXIX, que l'usage de la pipe avait été très-salutaire dans cette maladie, cette expérience porte naturellement, à en conseiller l'usage. Mais, il n'est pas toujours possible, dans les points élevés des Alpes, de se procurer du tabac. Il faudrait donc que cette plante fut encore un objet d'approvisionnement pour les armées, pour qu'étant distribuée avec des pipes, aux militaires qui sont dans les postes avancés, ils fussent tous engagés à s'en servir, soit pour fumer, soit pour macher, comme ils l'aimeraient mieux.

Embrun, ce 30 Fructidor, an 2.ᵉ de la République Française, une, indivisible et impérissable